AF401145

COUP D'OEIL

HISTORIQUE ET STATISTIQUE

SUR

LE TÉXAS

PAR

HENRI FOURNEL.

« Le Téxas est un des plus beaux pays du monde; les
« Européens, si avides de conquêtes en Amérique, semblent
« avoir ignoré jusqu'à ce jour son existence. »
(*Histoire de la Louisiane*, par M. Barbé-Marbois.)

« Avant un quart de siècle, l'Amérique espagnole sera
« occupée par la race anglo-américaine. »
(*Lettre du président Jefferson à son neveu*, écrite en 1820.)

PARIS.

DELLOYE, LIBRAIRE-ÉDITEUR,

PLACE DE LA BOURSE, 13.

AVRIL 1841.

Paris — Imprimerie de Schneider et Langrand, rue d'Erfurth, 1.

PRÉFACE.

Conduit, par divers travaux, à étudier les vastes contrées qui sont comprises entre le Mississipi et les Montagnes Rocheuses, un intérêt tout particulier s'attache pour moi à ces nouvelles conquêtes du génie américain. Déjà, j'ai eu l'occasion de signaler les richesses que présente à la métallurgie l'état naissant de l'ARKANSAS (1), et j'ai l'espoir fondé que, prochainement, des capitaux français iront créer de l'autre côté de la *White-River* une industrie dont l'absence retarde le développement de ce beau pays.

En resserrant aujourd'hui dans un cadre étroit tous les documents que l'on possède sur le TÉXAS (2),

(1) *Du travail des hauts-fourneaux dans l'Amérique du Nord et de l'établissement de hauts-fourneaux dans l'Arkansas :* par Henri Fournel. *In-quarto*, Paris, 1840.

(2) Presque tous les écrits qui existent sur le Téxas sont empruntés à l'ouvrage publié à New-York, en 1838, par le révérend Chester-Newell, sous le titre de : *Account of the Texas.*

j'ai été entraîné par la pensée que je pouvais les compléter, quelquefois même les rectifier. Je m'empresse de dire que je dois cet avantage à de nombreuses conversations avec le général Hamilton, qui est en ce moment à Paris pour traiter, au nom de la République du Téxas, un emprunt qui repose sur les bases les plus solides. Si donc ce court écrit présente quelque intérêt, il faut en attribuer le mérite à l'honorable général qui a bien voulu me faire assister, par ses récits, aux étonnants progrès d'un pays si peu connu et si digne de l'être.

Paris, ce 21 avril 1841.

H. F.

COUP D'OEIL

HISTORIQUE ET STATISTIQUE

SUR LE TÉXAS.

En 1821, un exploitant de mines au Missouri, Moses Austin, obtenait du cabinet de Madrid l'autorisation de fonder une colonie dans un désert des possessions espagnoles au Méxique ; en 1836, la colonie de Moses Austin était déjà un peuple qui avait conquis son indépendance par une éclatante victoire en bataille rangée ; aujourd'hui c'est un État reconnu, qui demande à la France un crédit destiné à utiliser toute la vigueur qu'il sent en ses veines, pour réaliser le brillant avenir auquel il a conscience d'être appelé. Un succès, si incroyable par sa rapidité, cesse pourtant, même d'étonner, quand on vient à dire que les colons appartenaient à la race anglo-américaine, et qu'ils remuaient un sol comme celui du Téxas.

Trop préoccupée pour avoir suivi les progrès d'un peuple qui a grandi si loin d'elle, l'Europe ne connaît ni le Téxas ni ses habitants; la France seule a jeté un regard de douloureux intérêt sur ces immenses déserts, lorsqu'une poignée de ses enfants alla demander au *Champ d'Asile* le calme du travail et l'oubli de glorieux souvenirs. Mais les événements qui se succédèrent autour de nous ressaisirent bientôt toutes les pensées; la France elle-même sut à peine que ses vieux soldats avaient abandonné la charrue du champ d'asile, et que de nouveaux colons avaient descendu le Mississipi pour venir fertiliser un sol dont la rare fécondité n'avait pu éveiller l'insouciance méxicaine.

Aujourd'hui que cette terre a reçu la vie, et que tant d'événements sont accomplis, aujourd'hui que le Téxas demande à la France un gage de foi dans son avenir, l'instant est venu de dire quels sont ces hommes qui placent en nous leur espoir, et quel est le pays qu'ils offrent comme garantie matérielle de leurs promesses ; l'instant est venu de faire connaître l'abondance et la variété des ressources de ce sol qui féconde tous les produits des tropiques, de cette terre promise que le travail et la victoire ont donnée à un peuple dont les annales ne remontent qu'à vingt ans.

Compris entre le *Rio del Norte* à l'Ouest, la *rivière Sabine* à l'Est, et la *rivière Rouge* au Nord, le Téxas forme un triangle irrégulier dont le sommet s'allonge vers Santa-Fé, et qui a pour base cent cinquante lieues (1) de la côte septentrionale du golfe du Méxique. Il s'étend à peu près du vingt-sixième au trente-quatrième paral-

____

(1) 560 milles.

lèle, et de quatre-vingt-seize à cent cinq degrés de longitude occidentale du méridien de Paris. Sa superficie est juste la moyenne de celle de la France et de celle du Royaume-Uni d'Angleterre :

La superficie de la France est de 52,769,000 hectares.
Celle du Royaume-Uni. . . 34,200,000   d°
Et celle du Téxas. 42,000,000   d°

Qu'on se représente un vaste plan légèrement soulevé par les premiers gradins de la chaîne des Andes et plongeant au Sud-Est vers le golfe du Méxique; neuf fleuves ou rivières considérables coulant presque parallèlement du Nord-Ouest au Sud-Est sur ce plan qui les conduit à la mer, et l'on aura une idée assez exacte d'un des grands traits de la configuration générale du Téxas. Mais traçons d'abord une histoire rapide de ses habitants, nous prendrons plus d'intérêt pour les lieux quand nous saurons de quels événements ils furent les témoins; si belle que soit la création, le génie de l'homme y mérite toujours la première place.

Le 24 juillet 1684, une petite escadre de quatre navires partait de La Rochelle et cinglait vers le golfe du Méxique: c'était un Rouennais, Robert de Lasalle, qui allait, au nom de la France, prendre possession des bouches du Mississipi, de ce fleuve qu'il était en droit de regarder comme sa conquête. Une erreur d'estime le jeta dans la baie de San-Bernardo (1), où il fonda, entre Velasco et Matagorda, un établissement qui fut bientôt

---

(1) Cette erreur ne doit pas surprendre. Encore aujourd'hui les cartes du golfe du Méxique sont fort inexactes. Celles que l'on possède au dépôt de la marine ont été construites sur les données des navigateurs espagnols, et l'amiral Baudin a reconnu, en 1839, que l'erreur sur la position de *Galveston*, par exemple, est de près de 1° 1/2 de longitude.

détruit ; et il ne resta au chevalier Lasalle, lâchement assassiné (1), que l'honneur d'avoir assisté à la naissance du Téxas, et d'avoir compris le premier sur quels rivages du nouveau monde la France devait fixer ses affections et ses intérêts.

Cette expédition, qui, au fond, ne fut qu'une aventure malheureuse, jeta cependant l'alarme au sein de la cour d'Espagne. On eût dit qu'un pressentiment sinistre se mêlait pour elle au rapprochement des deux mots France et colonies espagnoles ; et, certes, Charles II était loin de soupçonner que la France affranchirait le Méxique sans quitter le continent européen. Un siècle et demi devait s'écouler encore avant que l'Espagne fût assez affaiblie pour abandonner une conquête dont elle usait jusqu'à l'abus ; personne alors ne pouvait prévoir qu'un aigle franchirait les Pyrénées, portant sur ses ailes le génie des révolutions, et allumant de ses foudres la guerre de l'indépendance. L'année 1807 est venue commencer la confirmation des vagues pressentiments de la cour de Madrid ; les armées françaises avaient foulé le territoire espagnol ; le 19 mars 1808 Charles IV abdiquait, et en septembre 1810 des cris d'insurrection retentissaient à México autour de l'étendard levé par le moine Hidalgo. En 1684, l'orgueilleuse maîtresse du Méxique pouvait concevoir un instant d'alarme, mais elle aurait refusé de croire qu'un jour viendrait où, affaiblie par une lutte désespérée et par une longue série de déchirements, elle se verrait sans armée, sans marine, sans crédit, obligée de livrer au hasard d'un combat inégal le vaste royaume qu'une possession de

____

(1) Le 20 mai 1687.

trois siècles lui assurait déjà, et qu'elle avait cru s'assurer bien mieux encore (1819) par la cession de la Floride aux États-Unis. Les résultats de la triste expédition de 1829 ont dû lui montrer que cette expédition était la dernière, et qu'il fallait renoncer pour jamais à une prépondérance que tant de fautes avaient ébranlée.

Depuis le 15 septembre 1829, l'Espagne est donc hors de cause; mais une lutte nouvelle s'engage, et là commence l'histoire du Téxas.

Moses Austin était mort avant d'avoir pu jouir des immunités qui lui avaient été accordées le 17 janvier 1821; mais en mourant, il avait confié à son fils, Stephen Austin, la pensée qu'il avait conçue, et en avait recommandé l'accomplissement à son patriotisme et à sa piété filiale. Religieusement fidèle à la parole donnée au lit de mort de son père, et fier d'un si bel héritage, Stephen Austin vint prendre possession du Téxas comme de son patrimoine. Sans guide et à travers mille dangers, il en explora l'étendue, choisit un point favorable au siége de sa colonie, parcourut plusieurs États de l'Union pour enrôler des aventuriers, et, en décembre 1821, il fondait son premier établissement sur les bords de la rivière Brazos.

Six années suffirent pour montrer ce que peut l'opiniâtreté du travail. La colonie grandit, ses succès amenèrent de nouveaux habitants, et pendant que les *États fédérés du Méxique* traversaient vingt révolutions, pendant qu'Iturbide et ses compétiteurs se disputaient les débris d'un sceptre à jamais brisé, le Téxas florissait sans s'apercevoir qu'il était annexé à l'État de Cohahuila. Mais cette sécurité devait bientôt être troublée; le gouvernement de México finit par comprendre que deux races étaient en présence, et que l'activité américaine aurait bientôt envahi un immense territoire, si la force n'intervenait pour protéger l'indolence espagnole. Il était déjà trop tard, car de leur côté les colons s'étaient dit qu'on est le maître de la terre que l'on a arrosée de tant de sueurs, et que l'activité féconde ne doit pas subir le joug d'une anarchie sans frein.

Le despotisme fut toujours aveugle; et ce fut Guerrero, alors président de la république, qui commença les hostilités. Il crut être habile en ne faisant d'abord qu'une guerre sourde. Tantôt, sous prétexte d'accompagner quelque convoi, un détachement de vingt hommes entrait dans le Téxas, puis bientôt quarante hommes étaient envoyés sous un autre prétexte. Une série de petits corps, les uns de cinquante, les autres de deux cent cinquante hommes, s'échelonnaient successivement; tous venaient pour se retirer presque aussitôt, mais en réalité tous restaient, et en peu de temps le Téxas se trouva couvert de garnisons méxicaines.

Dès 1829, les démonstrations hostiles furent plus claires. Guerrero lança un décret par lequel la liberté était rendue aux esclaves dans toute l'étendue du Méxique. C'était une violation directe des engagements pris avec les colons du Téxas, et c'était en même temps la ruine inévitable de la colonie. Une énergique réclamation fut adressée au président abolitioniste, et, après bien des négociations, le décret fut révoqué. A peine l'émoi causé par cet acte d'inopportune philanthropie était-il calmé, que, le 6 avril 1830, le Congrès méxicain déclara qu'il interdisait désormais l'entrée du Texas aux Américains du Nord. Cette loi eut le sort de toutes les lois absurdes, elle ne fut pas exécutée; mais la pensée qui inspirait de pareilles tentatives était trop évidente pour que les Téxiens n'éprouvassent pas ce sentiment profond d'indignation qui a préparé l'indépendance de tous les peuples libres. Il ne fallait plus qu'une occasion pour que l'on courût aux armes, et quand les choses en sont venues à ce point, l'occasion se fait rarement attendre.

Il suffisait d'avoir mis en contact une soldatesque oisive avec la population des travailleurs, pour que de fréquentes collisions eussent lieu. Les officiers eux-mêmes se livraient à tous les actes d'insolence et d'arbitraire, que la force brutale ne manque jamais de se permettre quand elle est sûre de l'impunité. Au commencement de 1852, ils allèrent jusqu'à jeter dans les prisons d'Anahuac des commissaires envoyés par les colons pour réclamer contre tant de vexations. A la nouvelle de cette odieuse violence, les Téxiens du Rio-Trinidad, transportés de colère, abandonnent leurs sillons et volent aux armes ; ils attaquent la citadelle qui est vainement secourue par le colonel Piedras; ni la supériorité de la discipline, ni la supériorité du nombre ne peuvent résister au bouillant courage des colons; ils culbutent les Méxicains, entrent en vainqueurs dans Anahuac, et délivrent leurs commissaires. Cette courte expédition, à laquelle se rattache la prise du fort de Velasco par les Téxiens du Brazos, devait avoir une immense portée ; les colons venaient de puiser, dans ce succès, assez de confiance en leur force, pour demander de former un *État* distinct, ayant son gouvernement propre. Une convention, assemblée dès la fin de 1852 à San-Felipe, sur le Brazos, avait rédigé, en conséquence, une constitution que Stephen Austin se chargea, quoiqu'il fût contraire à la séparation, d'aller présenter à l'acceptation du gouvernement central.

Le fondateur de la colonie arriva dans la capitale du Méxique vers le milieu de 1855. Plusieurs révolutions s'étaient accomplies. Guerrero avait été exécuté; Bustamente et Alaman avaient été successivement renversés; Santa-Anna, le vainqueur des Espagnols à Tampico, celui qu'on proclamait le héros libérateur du Méxique, était au pouvoir. Les sollicitations d'Austin furent reçues de manière à lui donner peu d'espérance de succès. Le président éludait, ajournait, employait tous ces misérables subterfuges que la puissance oppose au malheur quand elle n'ose pas discuter franchement avec lui. Des raisonnements et des prières, Stephen Austin passa aux menaces, et ne craignit pas de déclarer que le Téxas saurait se faire rendre la justice qu'on lui refusait. Mais le mauvais vouloir n'était pas la seule cause des ajournements auxquels le délégué des colons se résignait avec une admirable patience; la mésintelligence qui existait entre Santa-Anna et le vice-président Gomez Farias y avait une grande part. Les intrigues dévoraient tout le temps qui aurait dû être consacré au travail, et en réalité la réclamation du Téxas avait le sort commun à toutes les affaires qui venaient aboutir au siége du gouvernement. Ni les prières ni les menaces ne pouvaient vaincre une inertie dont la cause profonde était dans l'anarchie par laquelle le Méxique paie si chèrement sa liberté.

Parti de la colonie avec la conviction que les Téxiens se hâtaient trop de demander la séparation, Stephen Austin fut bientôt ramené à l'opinion de ses concitoyens, quand il eut vu de près à quelle misérable administra-

tion était soumise l'œuvre qui avait été sa vie et qui
devait être sa gloire. Ce fut alors qu'il adressa à la mu-
nicipalité de San-Antonio-de-Bexar une lettre dans laquelle, après avoir rendu compte de l'inutilité de ses
nombreuses démarches, il conseillait à ses amis non
plus de supplier, mais d'agir, et d'organiser, sans plus
attendre, un gouvernement de fait. Mais une partie de
l'*ajuntamiento* de Bexar, ancienne ville espagnole, était
opposée aux vues des colons Anglo-Américains. La lettre
d'Austin tomba entre les mains de ceux des membres
qui étaient dévoués au Méxique; ils la tinrent secrète
à leurs collègues et la firent passer au gouvernement
central de México. Austin venait de quitter cette ville
pour retourner au Téxas; il fut poursuivi à plus de
deux cents lieues, arrêté près de Saltillo, ramené à
México (février 1854), et jeté dans les cachots de
l'inquisition, sous la prévention du crime de haute
trahison.

Cet acte n'était que le prélude de ceux par lesquels
Santa-Anna allait préparer l'affranchissement de la
colonie, en croyant assurer son asservissement. Mais
de 1854 à 1855, les événements se déroulèrent hors du
Téxas, dans lequel il suffit de nous représenter des
exactions de détail et une fermentation toujours crois-
sante, pendant que nous allons tracer rapidement ce
qui se passait au Méxique.

Santa-Anna n'était pas un de ces hommes fortement
trempés qui règlent leur vie sur une conviction. Ambi-
tieux vulgaire, son unique pensée fut de s'élever, et il
crut que sa mission serait remplie quand il aurait atteint le pouvoir suprême. Il ne savait pas que si l'é-
goïsme est presque une vertu dans les conditions hum-

bles, l'égoïsme est un crime quand on est assis sur un trône. Ne soupçonnant rien des devoirs qu'on s'impose quand on veut commander à ses semblables, son génie mesquin ne vit que l'éclat de la puissance sans en jamais comprendre la grandeur. Voilà pourquoi Santa-Anna ne s'éleva jamais au-dessus des proportions d'un homme habile, flattant les *fédéralistes* pour atteindre la présidence, et se jetant dans les bras des *centralistes* quand il se crut assuré de la faveur populaire.

Ce fut le 15 mai 1854, que, dédaignant toute prudence, il fit dissoudre par ses soldats le Conseil et le Congrès général, et marcha, tête levée, à l'abolition de la constitution de 1824. Je n'ai pas besoin de rappeler quelle clameur s'éleva, et avec quelle ardeur se ralluma le feu de la discorde dans tout le Méxique ; il doit me suffire ici d'indiquer les faits qui ont un rapport direct avec la révolution du Téxas ; ces faits se concentrèrent naturellement dans la province de Cohahuila dont le Téxas était une dépendance.

Les autorités de Cohahuila étaient favorables à la contre-révolution opérée par Santa-Anna, mais une question d'argent devait bientôt amener une rupture. Le trésor de la province était épuisé, et le nouveau gouverneur, pour faire face aux dépenses, proposa la vente d'une étendue considérable de terres dans le Téxas ; des spéculateurs nombreux se présentaient, mais tous étaient Téxiens, et quand leurs offres furent connues à México, le gouvernement suprême se refusa à la ratification du traité, sous prétexte que l'État de Cohahuila n'avait pas le droit d'aliéner le domaine public, et qu'eût-il ce droit, son premier devoir serait d'acquitter au trésor de México l'arriéré considérable qu'il lui devait. On comprend aisément quelle était la véritable cause d'une pareille opposition, et que c'était bien plutôt aux acheteurs qu'aux vendeurs que l'on voulait apporter une entrave ; mais la législature de Cohahuila, poussée par la pénurie où elle se trouvait, insista et voulut conclure avec les Téxiens. Aussitôt le général Cos, commandant supérieur des provinces orientales du Méxique, reçut de Santa-Anna l'ordre de marcher avec ses troupes sur la capitale de l'État, et d'expulser la législature rebelle. Le gouverneur, ainsi que plusieurs membres de l'assemblée, furent jetés en prison.

Désappointés par cet acte de vigueur, les spéculateurs téxiens repassèrent le Rio-Norte et parcoururent les vallées du Téxas, rappelant aux populations leurs griefs contre les Méxicains, et proclamant la guerre comme l'unique moyen d'échapper au despotisme de Santa-Anna. Ils montraient le général Cos à leurs portes, et son armée n'attendant qu'un signal pour envahir le territoire et détruire en un jour les germes de prospérité que tant de labeurs avaient fait éclore. L'énergie d'un pareil langage, l'imminence d'une invasion, le souvenir des vexations qu'ils avaient souffertes, déterminèrent aisément les Téxiens. Le 16 août 1835, dans les plaines de San-Jacinto, les partisans de l'affranchissement immédiat levèrent l'étendard de la révolte, et donnèrent le signal d'une guerre qui devait être décisive dans les destinées du Téxas. En même temps le général Cos passait le Rio-Norte, et venait s'enfermer avec ses troupes dans la ville de Bexar, que le Rio-Antonio séparait seul de la forteresse d'Alamo.

De part et d'autre on se préparait au combat, lorsqu'une circonstance imprévue vint redoubler l'ardeur des colons. Après dix-neuf mois de captivité, Stephen Austin reparut au milieu de ses concitoyens, et sa résolution calme les remplit de confiance ; dès le 8 septembre, dans une assemblée populaire tenue à Brazoria, il recommanda la réunion immédiate d'une *Convention générale* de toute la province ; d'un bout à l'autre du Téxas des comités s'organisèrent ; les États-Unis témoignèrent à leurs voisins la vive sympathie qu'ils éprouvaient pour la justice de leur cause, et l'enthousiasme était à son comble, lorsqu'un détachement de la garnison de Bexar eut l'imprudence de s'avancer vers Gonzalès sur les bords du Rio-Guadelupe. Il y trouva Stephen Austin à la tête de ses braves colons ; le 2 octobre on en vint aux mains, et les Méxicains, vivement repoussés, furent obligés de se replier sur leur place forte. Pendant un mois, une série d'engagements dans lesquels l'avantage resta constamment aux Téxiens, et notamment la prise de Goliad, augmentèrent la confiance des insurgés, et bientôt le général Cos se vit assiégé dans Bexar.

En même temps, le 3 novembre, l'Assemblée générale se constitua à San-Felipe, et en onze jours elle régla tout ce qui était urgent ; une déclaration solennelle (*solemn declaration*) fut adoptée, dans laquelle étaient exposées les raisons qui avaient engagé le peuple téxien à prendre les armes ; elle se fait remarquer par un langage ferme et mesuré ; le Téxas déclare s'en tenir à la constitution de 1824. — Stephen Austin fut envoyé aux États-Unis pour réclamer leur appui, et le commandement général des troupes fut confié à Samuel Houston.

Le 14, l'Assemblée se séparait.

Cependant le siége de Bexar traînait en longueur ; le général Cos avait profité de la disposition des lieux et de quelques grands bâtiments en pierre pour se retrancher fortement à l'intérieur. L'officier qui commandait le siége était découragé, et, après avoir promis l'assaut pour le 2 décembre, il parlait de se retirer sur Gonsalès. A l'instant parut un de ces hommes résolus dont le courage grandit avec les obstacles, c'était l'intrépide Milam. Avec un nom popularisé depuis longtemps dans le Téxas par de nombreux actes de bravoure, il n'étonna personne quand il promit d'enlever la place, si trois cents hommes prêts à mourir voulaient le suivre. Le 9 décembre Milam avait tenu parole, la ville était prise ; mais le vainqueur, que les Téxiens ont nommé leur Léonidas, avait trouvé la mort dans son triomphe. Le 11, la citadelle elle-même capitulait, et le général Cos, à la tête de quinze cents Méxicains, défilait devant les faibles restes de la petite troupe du vaillant Milam.

Ainsi se termina la campagne de 1835. Il ne restait plus un seul soldat méxicain sur le territoire du Téxas.

Santa-Anna se hâta de faire les préparatifs d'une invasion formidable pour venger l'affront que venaient de recevoir les armes méxicaines. De leur côté les Téxiens songèrent à se procurer des moyens de défense proportionnés à l'attaque. Au commencement de 1836, tout était prêt de part et d'autre. Le 24 février Santa-Anna entrait en campagne avec trois corps d'armée, et le 1er mars une nouvelle *Convention*, réunie à Washington sur le Rio-Brazos, votait d'enthousiasme la déclaration de l'indépendance absolue du Téxas.

Soit par excès de confiance, soit par pénurie de moyens, les colons n'avaient pas suffisamment garni de troupes la conquête de Milam. Santa-Anna, à la tête d'un corps de trois mille hommes, n'eut qu'à se présenter pour

2

reprendre Bexar et rejeter sa garnison, réduite à cent quarante hommes, dans le fort d'Alamo. Heureusement chacun de ces hommes était un héros, et le colonel Travis les commandait; aussi Santa-Anna devait-il payer cher la victoire que la supériorité démesurée du nombre lui assurait.

Pendant treize jours, cette poignée de braves soutint tous les efforts de l'armée méxicaine; ce ne fut qu'au troisième assaut, et après une perte de quinze cents hommes, que Santa-Anna put entrer dans le fort d'A-lamo qui présentait un spectacle digne de pitié et d'ad-miration. Tous ses défenseurs étaient morts; une femme seule restait pour raconter, avec l'accent de l'enthousiasme, qu'elle avait vu le dernier Téxien faire feu sur les assaillants, et tomber, criblé de balles, après avoir refusé de se rendre à une armée.

Le second corps des troupes méxicaines, commandé par Urrea, avait marché sur Goliad, et là encore les Téxiens étaient en si petit nombre, que le colonel Fan-nin, qui était à leur tête, se hâta de quitter une ville qu'il ne pouvait défendre. Il disposait tout pour sa re-traite, lorsqu'il se trouva enveloppé par l'ennemi, et forcé d'accepter le combat. La mêlée fut sanglante; pendant toute une journée, Fannin, avec cinq cents hommes, soutint le feu de dix-neuf cents Méxicains; mais les Téxiens avaient épuisé toutes leurs munitions; ils songaient à profiter de la nuit pour échapper à une défaite certaine, lorsqu'un parlementaire vint leur of-frir une capitulation honorable. Le traité reçut la si-gnature des deux généraux, et les Téxiens livrèrent leurs armes.

Peu de jours après, le 17 mars, les conditions du

traité furent abominablement violées. Sur l'ordre de Santa-Anna, les quatre cents Téxiens qui avaient capitulé furent enveloppés, égorgés sans défense, et leur brave colonel fusillé. Manque de foi, lâcheté, cruauté, tout est réuni dans un pareil ordre pour faire vouer à l'exécration des peuples le nom de celui qui l'a donné. Par une coïncidence assez remarquable, c'est le même jour où coulait ainsi le sang des martyrs, que l'Assemblée générale adoptait la constitution qui régit encore aujourd'hui le Téxas.

Loin d'abattre les colons, ces désastres ne firent qu'enflammer leur courage. Ils voyaient quels ennemis étaient devant eux, et à l'amour de la liberté se joignait maintenant une soif de vengeance qui ne pouvait s'éteindre que dans le sang des bourreaux de leurs frères. Santa-Anna, au contraire, plein de confiance dans ses premiers succès, ne douta pas que la guerre ne fût terminée, et pénétra dans le pays comme pour en prendre possession. Le 31 mars il partit de Bexar avec son état-major, s'arrêta le 7 avril à San-Felipe sur le Brazos, et arriva le 20 dans les plaines de San-Jacinto. Il fut presque étonné d'y trouver Houston qui venait à sa rencontre à la tête d'une armée. C'était dans ces mêmes plaines que l'étendard de l'indépendance avait été levé au mois d'août 1835, c'était là qu'une victoire signalée allait délivrer à jamais le Téxas du joug méxicain.

Le 21 avril, au moment où Santa-Anna venait de recevoir un renfort de cinq cents hommes commandé par le général Cos, et toutes les dispositions étant prises, les deux armées s'ébranlèrent. Un profond silence régnait dans les rangs des Téxiens : tous, en ce moment solennel, semblaient méditer sur la grandeur de l'œuvre dont ils portaient la responsabilité. Quand on fut arrivé à une petite distance de l'ennemi, une seule voix rompit ce silence, c'était celle du général Houston : « Enfants, « s'écria-t-il, souvenez-vous d'Alamo ! — Nous nous sou- « venons d'Alamo ! » répéta l'armée entière, et à l'instant même un feu terrible porta le désordre dans les rangs méxicains. Profitant de cette confusion, les Téxiens s'avancent rapidement, abordent les carrés à l'arme blanche, et les culbutent avec une impétuosité à laquelle rien ne peut résister. Le carnage fut horrible. « Dix-huit « minutes après le commencement de l'attaque, dit le « rapport officiel du général Houston, nous étions maî- « tres du camp de l'ennemi, de ses drapeaux, équipages, « provisions, armes et bagages. Sa déroute avait com- « mencé à quatre heures et demie, et la poursuite se pro- « longea jusqu'à la nuit. » La moitié de l'armée méxi- caine resta sur le champ de bataille, l'autre moitié fut faite prisonnière.

Le lendemain 22, Santa-Anna, découvert dans de hautes bruyères où il se cachait, fut amené devant Houston, et le 24 le général Cos fut pris par un déta- chement qui poursuivait quelques fuyards. Livré à ses ennemis, Santa-Anna dut croire qu'il allait expier l'o- dieux massacre de Goliad : il ne trouva en eux que des vainqueurs qui lui accordèrent dédaigneusement la vie.

Telle fut l'issue de cette guerre qui a enlevé au Méxique une de ses plus belles provinces, et qui a été le point de départ du développement d'un peuple appelé à de hautes destinées. La race anglo-américaine restait maîtresse du Téxas ; la prédiction de Jefferson était accomplie.

Élu président de la République téxienne en septembre

1836, Houston, conformément au vœu du pays, envoya au cabinet de Washington un ministre qui avait la double mission de demander la reconnaissance de l'indépendance téxienne, et de proposer l'adjonction du Téxas au nombre des États-Unis de l'Amérique du Nord. Le congrès s'est empressé d'accéder à la première proposition, mais il a refusé la seconde par des motifs qu'il est plus aisé de deviner que de justifier.

Le Téxas reste donc une nation indépendante qui se loue aujourd'hui du refus qu'elle a éprouvé. Un des vœux de Stephen Austin était que la France se montrât bienveillante envers son pays ; ce vœu a été exaucé, et, le 25 septembre 1839, la France a signé un traité de commerce et de navigation avec le Téxas. La première en Europe elle a, par un traité qui lui fait honneur, reconnu l'indépendance d'un pays qui saura lui prouver bientôt que cet acte honorable était à la fois un acte de bonne politique.

L'Angleterre(1), la Hollande et la Belgique ont imité le noble exemple donné par la France, et il est permis de croire que, dans un avenir prochain, le Méxique lui-même comprendra qu'il doit réparer ses torts passés envers son ancienne province, en reconnaissant qu'une autre origine, d'autres mœurs, d'autres croyances, un autre langage, constituaient véritablement une nationalité distincte de la sienne.

Nous venons d'observer le peuple téxien dans les circonstances diverses où l'on observe utilement les

(1) Le 16 novembre 1840.

hommes pour les juger, dans le malheur et dans la prospérité. Malheureux, nous l'avons vu résigné, patient et persévérant; prospère, il s'est montré généreux au point de faire grâce à Santa-Anna; dans toutes les positions, nous l'avons trouvé loyal, brave et laborieux. Ce résumé de l'histoire rapide qu'on vient de lire montre quelle confiance doit inspirer un tel peuple; il nous reste à jeter un coup d'œil sur son territoire, et à essayer de mesurer la valeur du gage qu'il offre en garantie de ses promesses.

ASPECT GÉNÉRAL DU PAYS. J'ai déjà signalé (page 7) le trait caractéristique de la configuration générale du Téxas; son sol peut aussi être caractérisé en peu de mots : il présente, sur une beaucoup plus vaste échelle, trois zones analogues à celles qui partagent notre Vendée, et disposées de même, c'est-a-dire formant des bandes concentriques qui marchent de la mer vers l'intérieur. Seulement, au lieu de porter les noms de *Marais*, *Plaine* et *Bocage*, les trois zones du Téxas sont mieux définies par les mots : *Plaines*, *Prairies* et *Montagnes*.

Zone des Plaines. *La zone des Plaines* borde la côte sur toute son étendue entre la Sabine et le Rio del Norte; mais la ligne qui la sépare de la zone des Prairies est loin d'être parallèle à la côte. Ainsi, dans la vallée de la Sabine, les plaines ne s'étendent qu'à douze lieues de la mer; dans la vallée du San-Jacinto, elles remontent à vingt-huit lieues, et jusqu'à quarante lieues dans la vallée du Colorado qui est la ligne centrale du Téxas, et où elles atteignent leur plus grande largeur. A partir de ce

point, et continuant à s'avancer vers l'Ouest, cette
zone des plaines va sans cesse diminuant de largeur
jusqu'au Rio de Las Nueces, de telle sorte qu'elle est à
peu près symétrique par rapport au Colorado. Entière-
ment composée de terre d'alluvion, la zone des plaines
semble avoir été un vaste Delta dont le sommet serait
sur le Colorado, à quarante lieues de la côte, et dont
les deux angles de la base seraient fortement tronqués
par la Sabine et le Las Nueces. Elle présente à l'œil des
horizons aussi étendus que ceux de la mer, notamment dans l'Est, où la vue est, moins souvent que dans
l'Ouest, bornée par les forêts séculaires qui couvrent
les bords du Colorado et du Nueces. Une rare fertilité
est son caractère distinctif.

Au-dessus vient la zone la plus étendue, celle *des* Zone des Prairies
Prairies (*Rolling*), dont la surface légèrement ondulée
s'étend jusqu'à la Rivière-Rouge (*Red-River*) et jusqu'au
pied des premiers gradins des Andes. Cette délicieuse
contrée, dans laquelle la puissance de la végétation
rivalise avec la fraîcheur des prairies, a intimidé les
descripteurs les plus enthousiastes. Ils ont craint que la
vérité ressemblât à une exagération, et c'est en parcou-
rant la zone des prairies que Barbé-Marbois s'arrêtait
et se contentait de dire : « Le Téxas est le plus beau
« pays du monde. »

Qu'on se représente maintenant une troisième zone ,   Zone
la *zone des Montagnes*, couronnant au Nord-Ouest les des Montagnes.
fertiles mamelons du Rolling, et renfermant, dans la
Sierra de San-Saba, des richesses métalliques depuis
longtemps signalées par les Espagnols ; on aura une idée
des immenses ressources que doit offrir un pays où
sont réunis tous les éléments dont un seul suffit à la

prospérité de la plupart des autres contrées du globe. La zone des montagnes est une dépendance de la Sierra-Madre, qui n'est elle-même qu'un rameau de la Cordillière des Andes. Après avoir marché au Nord-Ouest dans l'État de Cohahuila, la Sierra-Madre atteint le point où le Rio del Norte reçoit les eaux du Rio-Puerco; là, elle se bifurque à angle droit pour entrer dans le Téxas et courir au Nord-Est sous le nom de *Sierra de San-Saba*. Pendant plus de cent vingt lieues ce chaînon se soutient à un niveau assez élevé jusqu'au point où il s'incline pour donner passage au Colorado; mais il se relève aussitôt et s'avance, toujours au Nord-Est, jusqu'au Rio-Brazos, aux approches duquel il s'abaisse pour ne plus se relever. La Sierra de San-Saba forme la base d'un triangle qui termine le Téxas au Nord-Ouest, triangle occupé par ces redoutables Comanches qui sont encore aujourd'hui la terreur des Méxicains.

Des flancs de ce chaînon descendent de nombreux fleuves dont les uns sont tributaires, soit du Colorado, soit du Brazos, et dont les autres conservent leur nom jusqu'au golfe du Méxique. A l'exception de leur crête qui paraît aride, ces montagnes ne sont pas moins fertiles que la contrée ondulée qui est à leurs pieds. Couvertes de magnifiques forêts où le pin et le chêne sont mêlés à une variété infinie d'arbrisseaux, elles présentent une série de vallons parfaitement arrosés, où la terre ne demande que la main de l'homme pour donner des trésors en échange d'un peu de culture.

Tel est l'aspect général de ce pays que Moses Austin avait si bien jugé, et dont la race anglo-américaine s'est emparée avec tant d'ardeur; mais après avoir jeté un coup d'œil sur le Téxas, comme si nous le découvrions

tout entier d'un des sommets de la Sierra de San-Saba,
traversons les deux zones où la population est aujour-
d'hui concentrée, et d'abord explorons rapidement la
côte (1).

Le littoral du Téxas, nous l'avons dit (page 6), offre,
entre le Rio del Norte et la Sabine, un développement
d'environ cent cinquante lieues ; il est extrêmement
dentelé et présente, par conséquent, une multitude d'é-
chancrures qui forment autant de baies plus ou moins
profondes. Il est, en outre, sur presque toute son étendue, bordé par une série d'îles ou presqu'îles, d'une
forme très-allongée, qui le serrent de près, et semblent
comme une seconde côte qui protégerait la première
contre les tourmentes de la haute mer. Toutes ces baies
ne sont pas d'un abord également facile, et n'offrent
pas toujours les profondeurs d'eau qu'exigent les bâtiments d'un fort tonnage ; mais plusieurs réunissent
toutes les conditions des meilleurs ports, et un certain
nombre d'autres ne sont gênées que par des obstacles
faciles à vaincre avec quelques travaux d'art.

En partant du point le plus méridional du Téxas, on
rencontre d'abord les grandes bouches, semblables à
celles du Nil, par lesquelles le Rio Bravo del Norte
verse ses eaux dans le golfe du Méxique. Un peu au
Nord on entre, par la *barre de Santiago,* dans l'immense
Laguna del Madre, qui s'allonge à cinquante lieues vers
le Nord, et au sommet de laquelle se trouve, débou-
chant de l'Ouest, la baie de *Corpus-Christi.* Cette baie se

(1) Pour faire cette description, j'ai eu recours à une carte récemment pu-
bliée en Angleterre, sur une grande échelle. Elle a pour titre : *Map of Texas.
compiled from surveys recorded in the land office of Texas and other official
surveys.* By John Arrowsmith. London.

resserre successivement pour se renfler ensuite, et se rétrécir encore jusqu'au point où elle reçoit les eaux du Nueces. De là le nom de *baie de Nueces* donné à sa partie supérieure qui a quatre lieues de long sur deux de large à l'étranglement. La baie de Corpus-Christi n'a pas moins de huit lieues de largeur à la côte, et environ seize lieues depuis son sommet jusqu'à la longue île (*isla del Padre*) qui protége son entrée. Bordée par des coteaux élevés, elle présente l'aspect le plus riant, en même temps que son eau est claire et profonde ; malheureusement le détroit par lequel elle communique avec le golfe du Méxique n'offre qu'un tirant d'eau de cinq à six pieds. Ce détroit est formé par la pointe septentrionale de l'isla del Padre, et par la pointe méridionale de l'île Mustang, dont l'autre extrémité borde l'entrée (*inlet*) de la baie d'Aransas.

C'est là que la côte s'infléchit pour prendre la direction Nord-Est qu'elle conserve jusqu'à la Sabine.

Baies d'Aransas et de Copano.

Séparée du golfe par l'île Saint-Joseph, l'anse considérable dans laquelle se jette la rivière Refugio est coupée en deux parties inégales par la longue presqu'île à l'extrémité de laquelle est bâtie la ville d'*Aransas*. Celle de ces parties qui est à l'Ouest forme la *baie de Copano*, l'autre est la *baie d'Aransas*. Longues toutes deux de huit à dix lieues, du Sud au Nord, la première a une largeur qui varie d'une demi-lieue à une lieue un quart, la seconde a une largeur moyenne de quatre lieues et demie. Elles ont une profondeur d'eau de dix à douze pieds, et qui est encore de huit pieds à marée basse ; toutefois cette profondeur, notamment dans la baie d'Aransas, dont le fond est sablonneux, se trouve modifiée par l'action des vents. Tout navire qui a franchi

la barre d'Aransas peut entrer dans la baie de Copano,
quoique quelques bancs d'huîtres gênent la large passe
par laquelle elles communiquent entre elles ; mais l'entrée de celle d'Aransas est obstruée par un groupe
d'îles autour desquelles le tirant d'eau n'est guère que
de quatre pieds. Comme sûreté c'est un port admirable.

A l'île de Saint-Joseph succède la longue île de Ma- Baie d'Espiritu-
tagorda qui ferme la *baie d'Espiritu-Santo*, baie peu Santo.
profonde et boueuse, malgré la limpidité des eaux du
San-Antonio et du Guadelupe.

Vient ensuite l'immense *baie de Matagorda* qui a Baie
vingt-quatre lieues de long sur deux et demie de large, de Matagorda.
et est séparée du golfe du Méxique par une étroite et
longue péninsule qui descend du Nord-Est au Sud-
Ouest, où son extrémité inférieure va former un des
bords de la *Boca del Cavallo*, seule entrée de cette baie
quand on vient de la haute mer. Les navires tirant neuf
à dix pieds d'eau peuvent passer facilement à la barre,
et, une fois entrés, ils trouvent derrière la presqu'île
un mouillage de quinze à vingt pieds (1), avec une sûreté aussi complète que dans un dock. C'est à l'extrémité Nord de cette baie, et à dix-huit lieues au-dessus
de la Boca, qu'un établissement du nom de *Matagorda*
a été formé sur la rive gauche du Colorado, qui vient, de
l'autre côté de la Sierra de San-Saba, se jeter par plusieurs bouches dans la mer. Mais, comme en s'éloignant
de la presqu'île pour s'avancer vers la côte du Téxas,
la baie n'offre plus qu'une profondeur d'environ six

(1) Les marins disent trois à quatre brasses. Or la brasse est de 1 mètre
624 millimètres, ou cinq pieds.

pieds d'eau , les marchandises qui viennent de Matagorda et de l'embouchure du Colorado ont à faire, sur de petites embarcations, un trajet de une lieue et demie à deux lieues, pour être transportées à bord des gros navires mouillés près de la presqu'île.

Cette baie s'étend au Nord-Ouest vers le point où les eaux de la Baca et d'autres petits fleuves arrivent à la côte : de là les noms de *baie de Baca* et de *baie de Trespalacios* que prennent ces extrémités de la baie de Matagorda.

Baies de Baca et de Trespalacios.

Si l'on a suivi attentivement les détails dans lesquels nous venons d'entrer, on a vu qu'entre la bande allongée des îles ou presqu'îles qui bordent le Téxas, et la côte du Téxas proprement dite, il se trouve une espèce de mer intérieure très-étroite qui a environ cent lieues de longueur. Aussi, les navires et les bateaux à vapeur tirant quatre pieds et demi d'eau peuvent-ils partir de Matagorda, passer dans la baie d'Espiritu-Santo, et de là, successivement, dans celles d'Aransas et de Corpus-Christi, puis descendre la longue Laguna del Madre pour entrer dans la haute mer par la barre de Santiago qui a un tirant d'eau de six à sept pieds.

A partir de l'extrémité orientale de la baie de Matagorda, les îles cessent, et la côte même du Téxas borde le golfe du Méxique. Si l'on continue à marcher au Nord-Est on passe bientôt devant l'embouchure du Rio San-Bernado, où l'on chercherait vainement les restes de l'établissement du malheureux Lasalle, et cinq lieues plus loin on atteint l'embouchure du Rio-Brazos, sur la rive gauche duquel est bâtie *Velasco,* ancienne forteresse des Méxicains , et aujourd'hui ville florissante qui a des relations régulières avec Houston, capitale primitive du

Téxas, et un commerce assez étendu avec les États-Unis.

Nous voici parvenus à la *baie de Galveston* qui est fermée par deux longues presqu'îles entre les extrémités desquelles s'allonge l'île de San-Luis (1), de telle sorte que la baie a deux passes, celles de l'Ouest et celle de l'Est. C'est au bord méridional de la passe de l'Est qu'a été construite la ville de *Galveston*, qui est évidemment destinée à devenir la New-York du Téxas, et dont les progrès surpassent, par leur rapidité, tous les exemples dont s'enorgueillit l'activité humaine. Il y a trois ans on y apercevait à peine quelques cabanes de pêcheurs ; aujourd'hui c'est une ville qui compte plus de cinq cents maisons en briques, et de laquelle partent régulièrement plusieurs bateaux à vapeur qui, en trente-six heures, établissent une perpétuelle communication avec la Nouvelle-Orléans. Des bâtiments à voiles sont organisés aussi de manière à établir, avec autant de rapidité que les vents le permettent, des relations avec Boston (New-Hampshire), New-York, Baltimore (Maryland), et Mobile (Alabama). Son port a une profondeur d'eau de neuf à dix pieds.

La baie de Galveston est un immense bassin beaucoup plus grand que le lac de Genève ; elle a une étendue de quatorze lieues du Sud au Nord, sur cinq à sept lieues de l'Est à l'Ouest. Non-seulement sa passe est la plus belle de toute la côte, puisqu'elle admet des navires qui tirent plus de douze pieds d'eau, mais elle offre aux bâtiments qui ont passé la barre un excellent abri. La profondeur de la baie est de quinze à vingt-cinq pieds, mais seulement dans la partie qui avoisine l'île de San-Luis ; car

Baie
de Galveston.

____

(1) Aussi appelée *île de Galveston*.

lorsqu'on s'avance au Nord, pour tirer vers les deux pointes formées par les embouchures du San-Jacinto et du Rio-Trinidad, on rencontre, à huit lieues de Galveston, ce que l'on nomme la *barre des poissons rouges* (*red fish Bar*) ; c'est un vaste banc de sable rouge au-dessus duquel il n'y a que cinq à huit pieds d'eau, et même trois à quatre pieds à marée basse. Ce banc occupe toute la largeur de la baie et n'a pas moins de sept à huit lieues de longueur du Sud au Nord. La ville d'*Anahuac* commande l'entrée du Rio-Trinidad.

Baie de la Sabine. Enfin, à vingt-cinq lieues au Nord-Est de Galveston, on atteint la barre de la Sabine (*Sabine pass*), espèce de large fleuve par lequel on entre dans la *baie de la Sabine*, si l'on peut donner ce nom au grand lac à l'extrémité septentrionale duquel viennent se jeter le Rio-Naches et la Sabine.

Disons, en terminant cette description, que la plupart des baies du Téxas sont encore imparfaitement connues et attendent une étude plus approfondie. Si cette étude ne faisait pas découvrir des passes favorables pour pénétrer avec un plus grand tirant d'eau dans les magnifiques rades que nous venons de traverser, l'art viendrait en aide et saurait bien triompher de quelques obstacles pour compléter des avantages dont la nature a déjà été si prodigue.

Maintenant pénétrons dans l'intérieur du pays, et pour cela parcourons les diverses grandes routes sur lesquelles se trouvent des villes nombreuses fondées d'hier et déjà florissantes. Ces grandes routes, ce sont les fleuves dont nous avons reconnu les embouchures en explorant la côte ; nous allons les remonter en signalant ce qu'ils offrent de plus remarquable.

Il n'est peut-être pas un pays mieux arrosé que le Téxas, et dont les cours d'eau soient distribués avec plus de bonheur pour la culture et pour rendre en même temps les services que l'on obtient d'une navigation artificielle; on dirait une série de canaux d'irrigation et de canaux navigables; mais ici la nature a tout fait. Un caractère qui paraît commun à toutes ces rivières, c'est d'être assez profondément encaissées pour n'avoir jamais à craindre ces épanchements d'eau qui, sur les bords de quelques rivières du Sud-Ouest des Etats-Unis, forment ces marais fétides dont les miasmes répandent la contagion dans les contrées qu'arrose le bas Mississipi. Comme presque toutes les rivières de l'Amérique du Nord, les grands cours d'eau du Téxas présentent des *rapides* que, le plus souvent, il sera facile de faire disparaître.

Mais revenons à la pointe méridionale du Téxas. Nous trouvons d'abord le *Rio del Norte* ou *Rio-Bravo* qui descend de la Sierra-Verde (1), dans les Montagnes Rocheuses, et dont le cours a sept cents lieues (2), avec une largeur qui ne le cède presque pas à celle du *Père des eaux* lui-même (3). C'est le tiers inférieur de ce grand fleuve qui marque à l'Ouest la limite future du Téxas; car en réalité, les Téxiens ne se sont encore avancés que jusqu'au Las Nueces (*les noix*) qui forme la première des neuf rivières dont j'ai entendu parler page 7.

(1) *Essai Politique sur le royaume de la Nouvelle-Espagne*, par M. de Humboldt, livre I, chap. 2 et 5, tom. I, p. 209 et 277; in-octavo. Paris, 1825.

(2) Maltebrun lui donne cinq cents lieues marines (a). (*Précis de la Géographie universelle*, t. XI, p. 10; in-octavo. Paris, 1856.)

(5) *Essai Politique*, etc., liv. V, chap. 12, tom. IV, p. 55.

(a) La lieue marine a 5555 mètres 50 centimètres.

En partant de la baie de Corpus-Christi, le *las Nueces*, qui a un cours total de cent vingt lieues, peut être remonté, malgré la rapidité de son courant, à quarante lieues de son embouchure. On rencontre sur sa rive gauche, à peu de distance de la baie, l'établissement de *San Patricio*, qui est encore unique; le fleuve et ses nombreux affluents traversent, dans tout leur cours, des prairies qui sont aujourd'hui des déserts et qui seront sans doute bientôt des campagnes fertiles.

Nous n'avons dit qu'un mot de la baie d'Espiritu-Santo, parce qu'elle est peu favorable à la navigation; mais le fleuve qui s'y jette est digne d'attention : c'est le *Rio Guadelupe*. A une lieue et demie ou deux lieues avant d'atteindre la baie, il reçoit, à l'Ouest, le *San-Antonio*, rivière célèbre dans les fastes du Téxas, puisque c'est sur ses bords, à douze lieues de l'embouchure, qu'est construite *Goliad* (1), et trente-six lieues plus loin, près de ses sources, que se trouve *Bexar* (2), ville d'ailleurs importante depuis longtemps, comme point intermédiaire du commerce entre l'Ouest des États-Unis et le haut Méxique. Quatre sources abondantes, qui s'échappent d'une petite éminence, unissent leurs eaux presqu'en sortant de terre, et à Bexar, c'est-à-dire à seize cents mètres au-dessous de ce point de jonction, elles forment déjà une rivière qui a cinquante mètres de largeur et une profondeur de quatre à cinq pieds. Toujours pures et conservant toute l'année une parfaite égalité de température, les eaux du San-Antonio sont très-salubres et si limpides, qu'à dix pieds de profon-

(1) Ou *Goliath*. Appelée autrefois *Bahia*.

(2) Fondée en 1718 par les Espagnols qui y amenèrent des habitants des îles Canaries.

deur on y distingue très-nettement les plus petits poissons. Des bateaux à vapeur légers le remontent jusqu'à
quatre lieues de Goliad.

Quant au Rio-Guadelupe, dont je ne parle en second
que parce qu'il coule à l'Est du San-Antonio, il a un
cours de cent lieues, et reçoit de nombreux affluents
avant d'être grossi par l'affluent principal que je viens
de décrire. Deux établissements, *Victoria* et *Gonzalès,*
ont déjà été formés sur sa rive gauche. Il serait navigable
à une grande distance pendant une partie de l'année, si
la baie dans laquelle il se jette n'avait pas les inconvé-
nients que nous avons signalés.

Quels que soient les avantages particuliers aux trois
grandes rivières du Téxas : le *Colorado*, le Rio-Brazos
et le Rio-Trinitad,il restera toujours au Colorado l'a-
vantage d'être la ligne centrale de la République. C'est
sans doute cette circonstance qui lui a valu de voir in-
staller la capitale sur ses bords ; et d'ailleurs le privilége
de traverser les montagnes de la Sierra de San-Saba, et
d'être, de toutes les rivières du Téxas, celle dont les
branches s'allongent le plus vers Santa-Fé (1), devait
fixer l'attention des Téxiens. C'est en parlant du Rio del
Norte et du Colorado que M. de Humboldt disait
en 1808 : « Ces deux rivières, situées dans la partie du
« royaume la plus inculte, resteront sans intérêt pour
« le commerce, jusqu'à ce que de grands changements
« dans l'ordre social et d'autres événements favorables
« fassent refluer des colons dans ces régions fertiles et
« tempérées. Ces changements ne sont peut-être pas

« très-éloignés (1). » Ils sont opérés aujourd'hui ; des colons ont fertilisé cette terre inculte, et le Colorado est prêt à prendre, pour le commerce, l'intérêt que sa position rendait évident.

Le Colorado, appelé aussi Rivière-Rouge du Téxas (*Red River of Texas*), est ainsi nommé parce que, comme celles de la Rivière-Rouge d'Arkansas, ses eaux se chargent quelquefois, sans doute après les pluies, d'un limon rouge qui paraît très-riche en oxyde de fer. La communauté de ce phénomène dénote, entre les deux rivières, une communauté d'origine ; c'est qu'en effet elles descendent des mêmes montagnes, de cette chaîne peu élevée qui forme la ligne de partage des eaux entre la vallée du Rio del Norte et ce que j'appellerais volontiers la vallée du Mississipi. Depuis ces montagnes jusqu'au point où il se jette, par deux bouches, dans la baie de Matagorda, le Colorado a un cours de trois cent vingt à trois cent quarante lieues, constamment dirigé du Nord-Ouest au Sud-Est. Bien encaissé dans ses rives, il est extrêmement rare qu'il déborde. Les Anglais l'ont comparé souvent à la Tamise, entre Chelsea et Richmond, en expliquant toutefois que la largeur du Colorado est beaucoup plus grande : cette largeur est presque partout de sept à huit cents pieds, avec une profondeur d'eau de dix à quinze pieds. D'après quelques reconnaissances faites par ordre du Gouvernement, il serait navigable, en remontant, jusqu'à la zone des montagnes, et, du reste, il n'y a pas longtemps qu'il est possible d'en parcourir le cours inférieur. A quatre

(1) *Essai politique sur le royaume de la Nouvelle-Espagne*, liv. I, chap. 3, t. I, p. 277 et 278 ; deuxième édition ; in-octavo. Paris, 1826.

lieues au-dessus de son embouchure, il était obstrué, sur une étendue de cinq à six mille mètres, par un de ces immenses amas de troncs d'arbres et de bois flotté que les Américains nomment *raft* (radeau), et qui sont si fréquents dans la Louisiane et dans l'Arkansas. En 1838, l'activité des Téxiens résolut de vaincre cet obstacle qui les privait d'un de leurs plus beaux fleuves, et, peu de temps après, un bateau parti de Bastrop entrait dans la baie de Matagorda. De nombreux établissements se sont formés et se forment tous les jours sur le Colorado; déjà *Colombus*, *Lagrange*, *Colorado-city*, *Montezuma*, *Bastrop* et *Comanche* s'échelonnent sur ses deux rives, et le gouvernement du Téxas a donné une nouvelle preuve de sa hardiesse et de la profondeur de ses vues en décidant que sa capitale serait bâtie par delà tous ces établissements, et comme centre d'attraction vers l'intérieur du pays. Des hommes ordinaires eussent choisi l'un des points où la population s'était le plus agglomérée, ou bien encore le voisinage des côtes, en faveur duquel les raisons ne manquaient pas; les Téxiens ont porté le siége de leur gouvernement dans un désert, mais dans un désert qui touche, par le haut Colorado, à des districts métallifères, et, surtout, qui s'avance vers des provinces désireuses, peut-être, de secouer le joug de México. C'est à quatre-vingt-dix lieues (1) au-dessus de l'embouchure du Colorado, sur la rive droite de ce beau fleuve, et dans une contrée délicieuse, qu'a été tracé le plan de cette capitale qui a reçu le nom vénéré d'AUSTIN. Nul doute qu'en fondant cette nouvelle Memphis, les Téxiens aient l'intention d'appro-

---

(1) Deux cent vingt *milles.*

fondir la Boca del Cavallo, et de faire, de Matagorda,
l'Alexandrie de cette nouvelle Égypte ; Égypte dont le
ciel est propice au lieu d'être dévorant, et dont les
déserts sont des prairies toujours riantes.

San-Bernardo. Je ne ferai que nommer le *San-Bernardo,* petit fleuve
qui coule entre deux grands fleuves, et qui tire toute
sa célébrité de la catastrophe dont son embouchure
fut le témoin en 1687. Son cours entier n'a guère que
cinquante à cinquante-quatre lieues, et il se jette dans
le golfe du Méxique, à cinq lieues au Sud-Ouest du
point où débouche le Brazos, dont je vais parler im-
médiatement.

Rio-Brazos. Descendu des montagnes peu élevées qui séparent
les deux Rivières-Rouges, le *Rio-Brazos* (1) arrose environ deux cent quarante lieues (2) de terres fertiles
avant d'arriver au golfe du Méxique. Ses eaux, comme
celles du Colorado, sont quelquefois rougies par le
limon qu'elles charrient ; mais ce qui les caractérise,
c'est le goût légèrement saumâtre qu'elles contractent
après des pluies abondantes. Il paraît qu'une de ses
branches occidentales traverse un lac environné de terrains salifères, et que quand les eaux qui se réunissent
dans le lac ont lavé ces terrains, celui-ci devient, pour
quelque temps, un lac assez salé pour communiquer
aux eaux du Brazos lui-même un goût saumâtre très-
sensible. On doit admettre que cette particularité présente peu d'inconvénient, car de nombreux établissements ont été fondés sur ses bords. En remontant,
depuis *Velasco,* nous trouvons *Brazoria,* qui est déjà une

(1) Appelé, sur les anciennes cartes, *Rio-Flores.*
(2) Six cents *milles.*

ville de trois à quatre mille âmes ; *Marion, Columbia, Bolivar* et *Orozimbo, Monticello, Richmond*, situé à vingt-quatre lieues de l'embouchure ; *San-Felipe de Austin*, où l'Assemblée générale de 1835 organisa la défense ; *Washington*, où il fut résolu que le Téxas serait une nation ; puis *Tenoxtitlan, Nashville*, et enfin *Milam*, nom d'un des intrépides libérateurs du Téxas, et qui dut se présenter naturellement aux hardis colons qui fondaient leur établissement si loin dans les terres (1).

Le Rio-Brazos coule entre des berges dont la hauteur varie de vingt à quarante pieds, berges qui sont formées d'argiles diversement colorées en rouge et en bleu (2), et qui deviennent très-glissantes aussitôt qu'elles ont été mouillées par la pluie. Sur une étendue d'environ cent soixante lieues, il offre une largeur de cent cinquante à deux cents mètres et la navigation la plus favorable aux bateaux à vapeur, du moins jusqu'aux *rapides* qui se trouvent à une lieue et demie au-dessous de San-Felipe, et qu'il sera facile de faire disparaître. Sans la barre qui ferme l'embouchure, et qui ne laisse que sept pieds d'eau, des navires à voiles, d'un assez fort tonnage, pourraient remonter jusqu'à Brazoria, à quatorze lieues au-dessus de Velasco.

San-Jacinto.

Des deux fleuves qui se jettent dans la baie de Galveston, le *San-Jacinto* est de beaucoup le moins important par sa grandeur, car il n'a pas un cours plus considérable que celui du San-Bernardo, mais il donne bien l'idée de l'aspect que présentent la plupart des vallées du Téxas. Il coule au milieu de prairies qui

(1) *Milam* est à soixante-douze lieues de l'embouchure du Rio-Brazos.
(2) Elles rappellent ce que les géologues nomment *Marnes irisées*.

parfois s'étendent à perte de vue et ne présentent que quelques bouquets d'arbres semblables à des oasis dans un désert de verdure; d'autres fois, il traverse ces forêts presque impénétrables où s'étale tout le luxe de la végétation américaine. Lorsqu'on le remonte sur un bateau à vapeur, on atteint bientôt la petite ville de *Lynchburg* qui est sur sa rive droite (1), un peu au-dessous du point où ce fleuve reçoit le *Buffalo-Bayou* (2), un de ses affluents de l'Ouest. C'est près du confluent de cette petite rivière que fut donnée la bataille qui assure à jamais l'indépendance du Téxas, et c'est aussi sur ses bords, mais à douze lieues de son point de jonction avec le Rio-Jacinto, que fut fondée, en 1836, la ville de *Houston*. Cette ville, qui fut la capitale du Téxas jusqu'en 1840, comptait déjà quatre mille habitants en 1838, et n'a cessé, depuis, de se développer dans la même proportion. Au moyen de six ou sept bateaux à vapeur d'un très-faible tirant d'eau, Houston a des relations régulières avec Galveston, et une route de terre la met en communication avec Velasco dont j'ai déjà (3) signalé les progrès comme place de commerce. Avant d'atteindre Houston, quand on remonte le Buffalo-Bayou, on passe devant l'établissement de *Harrisburg* où des scieries mues par la vapeur débitent une quantité prodigieuse de planches qui sont expédiées sur différents points (4).

(1) Elle est mal placée sur la carte de Mister Arrowsmith.

(2) Les Français de la Louisiane donnent le nom de *Bayou* à des espèces de canaux naturels, encaissés plus ou moins profondément par des berges verticales, qui sont couvertes de forêts. Le Buffalo-Bayou a une profondeur de vingt pieds d'eau et un courant presque nul.

(3) Voyez pages 27 et 28.

(4) Il y a déjà plusieurs établissements du même genre disséminés sur différents

Quant au *Rio-Trinidad*, on peut le considérer comme occupant le troisième rang parmi les grands fleuves de l'intérieur du Téxas. C'est sur ses bords, et un peu au-dessus de son embouchure, que des Français, formant l'établissement du *Champ-d'Asile,* allèrent, comme le chevalier Lassalle, ouvrir une route et semer sans recueillir. — Les voyageurs varient tellement sur la longueur du cours qu'ils attribuent au Rio-Trinidad, que je n'ose fixer un chiffre ; ce qui est certain, c'est qu'il a été remonté sans obstacle, par des bateaux à vapeur, pendant au moins soixante lieues. Quelques établissements ont été formés sur ses bords ; le plus important est celui de *Libertad,* et le plus avancé au Nord est celui de *Cincinnati.*

La dernière des rivières dont j'ai à parler est le *Rio-Naches ;* je me contenterai de dire que ses sources se trouvent entre le 52e et le 55e parallèle, et qu'il traverse soixante lieues d'excellentes terres avant de venir se perdre dans le lac Sabine. A quelques lieues au-dessus de son confluent on trouve, sur sa rive droite, l'établissement de *Beaumont* que je devrais peut-être appeler une ville.

Nous voici enfin parvenus à *la Sabine,* rivière qui sert de limite au Téxas et à la Louisiane, jusqu'en un point où une ligne artificielle, partant du comté de Tanaha et dirigée du Sud au Nord, aboutit à la Rivière Rouge et complète la limite orientale du Téxas. La Sabine a un cours d'environ quatre-vingts lieues ; en toute saison, les bateaux à vapeur la remontent jusqu'à trente ou trente-cinq lieues de son embouchure. Il paraît même

points du Téxas. On comprend que cette industrie devait être une des premières à s'introduire dans un pays où le bois est le principal élément des constructions.

que des bateaux à vapeur ont atteint *San-Angustine,* ville qui doit à sa position, entre *Nacogdoches* (1) et Natchitoches (dans la Louisiane), l'énorme développement qu'elle a pris dans ces derniers temps, et la perspective d'un magnifique avenir. — Là se termine la course rapide que nous avions entreprise à travers le Téxas ; nous n'avons visité que les principaux cours d'eau, indiquant à peine quelques-uns de leurs grands affluents, et passant sous silence les innombrables ruisseaux qui les alimentent. Ils nous auraient offert de tous côtés des chutes d'eau pour l'industrie, des irrigations pour la culture ; ils nous auraient présenté aussi quelques phénomènes de périodicité curieux à observer ; mais cette étude, pied à pied, m'aurait conduit à faire un tableau quand je ne voulais que crayonner une esquisse : il faut laisser grandir le Téxas avant de le décrire en détail. En faisant pénétrer le lecteur dans ces vastes baies, où il a vu les villes maritimes qui viennent de naître sur une côte si longtemps oubliée ; en remontant avec lui ces beaux fleuves, sur les rives desquels il a foulé de toutes parts une terre impatiente de produire, et le long desquels il a remarqué çà et là des établissements dont quelques-uns sont tout à coup devenus des villes, j'ai assez montré ce qu'est aujourd'hui cette terre privilégiée pour que chacun pressente ce qu'elle sera demain.

A l'exemple des subdivisions adoptées dans les Etats de l'Amérique du Nord, les Téxiens ont divisé leur territoire en *comtés.* Ils en ont provisoirement formé vingt-sept, dont huit bordent le golfe du Méxique.

(1) Fondée en 1732. C'était un poste militaire des Espagnols.

Pour attirer des habitants dans ces vastes solitudes, de sages dispositions avaient été prises ; les autorités locales ne se contentaient pas de faire aux émigrants un bon accueil et des promesses, elles les secondaient de la manière la plus active et la plus efficace. Un article de la constitution assurait à tout émigrant, après sa naturalisation, c'est-à-dire après un séjour de six mois, la possession de trois cent vingt acres (cent vingt-neuf hectares et demi) de terres. Cette libéralité a cessé depuis le 1er janvier 1841, parce qu'elle n'est plus nécessaire : le flot de population qui arrive sur le sol téxien ne saurait désormais s'arrêter. Il serait difficile de donner d'une manière rigoureuse le chiffre de tous ces nouveaux venus, inégalement répartis sur un territoire aussi étendu ; et le gouvernement téxien a eu à se livrer à des soins plus pressants que celui de faire des recensements. Mais cette population a cru dans une proportion telle que le tableau suivant est probablement très-près de la vérité :

Années.	Population.
1855.	40,000
1856.	50,000
1857.	60,000
1858.	120,000
1859.	240,000
1840.	480,000

Ce n'est encore, à peine, qu'un habitant pour cent hectares de terrain ; c'est soixante-trois à soixante-quatre fois moins qu'en France.

Cette rapidité d'accroissement, qui dépasse tout ce

que les Etats-Unis ont offert de plus remarquable en ce genre, n'a pas seulement pour causes la fécondité du sol du Téxas et la beauté de son climat ; une grande part de ce mouvement doit être attribuée aux inquiétudes que les planteurs d'une partie de l'Amérique du Nord ont fini par concevoir, inquiétudes qui ont leur source dans le débat engagé entre les États à esclaves (1) et les Etats abolitionistes. Je ne veux pas entrer ici dans les développements, peut-être inopportuns, que comporte une question si grave pour l'avenir de l'Union Américaine ; je me contente de l'indiquer comme une des causes qui ont fait affluer, vers Nacogdoches et la Rivière-Rouge, ces longues bandes d'émigrants qui sont venues grossir la population du Téxas. On assure qu'en 1837 le Missouri seul a fourni six mille habitants.

Les femmes y sont encore en petit nombre, relativement aux hommes ; toutefois, l'excessive disproportion, signalée il y a quelques années, a cessé avec les préjugés qui empêchaient les Américaines de reconnaître, dans les Téxiens, leurs anciens frères, leurs concitoyens. Aujourd'hui toute barrière est levée entre les deux populations ; la victoire a réhabilité ceux qu'on traitait comme des aventuriers, et les nouvelles Sabines ont tendu la main à ces nouveaux fondateurs d'un grand empire.

Il sera curieux d'observer, plus tard, quelles sont les lois du développement de la population suivant les zones, puisque celles-ci présentent comme une succession de climats différents.

---

(1) Les états de Virginie, les deux Carolines, Géorgie, Alabama, Mississipi, Louisiane, Indiana, Kentucky, Missouri, Tennessee, Floride, Arkansas.

La zone des plaines est la plus chaude; son climat a de l'analogie avec celui de la Louisiane, mais il est beaucoup plus salubre. Pendant l'été, le thermomètre y marque assez constamment 50° centigrades; cependant cette chaleur n'y est pas trop incommode, parce que les brises qui soufflent du golfe apportent, avec une grande régularité, un air frais et humide qui se mêle aux parfums des fleurs et compose une atmosphère suave, en même temps qu'il tempère l'ardeur du soleil.

A mesure qu'on s'élève vers le *Rolling* le climat devient véritablement ravissant. Cette zone est abritée des vents du Nord (1) et du Nord-Ouest par la Sierra de San-Saba, et, en même temps, ce voisinage des montagnes y mantient une température plus douce que dans la plaine. Les voyageurs ne savent comment exprimer la sérénité du climat de la contrée qu'arrose le San-Antonio; leurs descriptions ressemblent à ces peintures que les poëtes nous ont faites des premiers âges de la création et qu'ils ont embellies de tous les trésors de leur imagination. Ils nous représentent les riants vallons qui entourent Bexar comme offrant le plus gracieux des paysages; pendant l'été, il n'y pleut pour ainsi dire jamais, et, sous un ciel toujours pur, la terre s'entr'ouvre sans effort pour prodiguer tous ses dons. Je ne sais si les voyageurs exagèrent, mais tous s'accordent, et lorsque les Américains du Nord parlent du Téxas, ils abandonnent ce calme qu'ils semblent avoir emprunté des Indiens, leur parole s'anime, et ils nomment toujours ces belles contrées leur Italie, leur Andalousie.

(1) Ce sont ces vents qui agitent si fortement le golfe du Mexique et que les marins nomment *Nortes duros.*

L'hiver se manifeste par des pluies abondantes qui tombent du 15 novembre au 15 janvier, et humectent la terre pour les dix autres mois. Elles sont au Téxas ce que l'inondation du Nil est à l'Egypte. Quelquefois il s'y mêle un peu de neige qui ne séjourne jamais. Dès le mois de février l'influence du printemps se fait sentir; la chaleur commence en avril et dure jusqu'à la fin de septembre. — La pente générale du sol vers le golfe du Méxique s'oppose à ce que les pluies forment des masses d'eau stagnantes que les chaleurs de l'été viendraient transformer en marais fétides, et cette circonstance contribue puissamment à la salubrité du Téxas. Il y règne, en certaines saisons, des fièvres intermittentes qui ne sont pas plus dangereuses que celles qu'on observe dans certaines parties de la France, et en général il y a peu de maladies. « Le Téxas, dit naïvement Kennedy, offre peu « de chances aux médecins. » On pourrait même ajouter que certaines affections, si fréquentes en Europe, sont tout à fait inconnues au Téxas, et selon toutes les apparences, beaucoup de malades y trouveraient la guérison qu'ils vont chercher dans quelques contrées méridionales.

PRODUCTIONS.

Quelles sont les productions d'une pareille terre fécondée par un pareil climat? La distribution d'une chaleur inégale suivant les zones nous indique déjà que nous allons y rencontrer une immense variété.

Règne végétal. Forêts.

Il suffit presque de savoir que nous sommes sur un continent qui dépend de l'Amérique du Nord pour être sûrs d'avance d'y trouver ces forêts dont les descriptions nous ont tant de fois étonnés, et dont la puissance de végétation est si bien en harmonie avec la grandeur des fleuves qui les arrosent. En effet, le Téxas est couvert,

particulièrement au Sud et au Sud-Ouest, de magnifiques forêts qui renferment d'inépuisables trésors pour la
marine. Elles se trouvent, le plus souvent, sur le bord
des cours d'eau, circonstance qui facilitera beaucoup
leur exploitation. La supériorité des bois du Téxas a été
constatée à plusieurs reprises, et d'une manière décl-
sive, par l'usage que les Américains du Nord en ont
fait dans la construction de leurs vaisseaux de ligne.
Dès 1839, un agent spécial de l'ambassade russe, près
les États-Unis, vérifiait, dans ces vastes forêts, l'incroyable abondance du *chêne vert*, dont le bois est si re-
cherché pour les arsenaux, et dont les bestiaux savou-
rent le gland. Il envoya, dans la ville de Bolivar, comme
spécimen de pièces qui ne sont pas rares, un chêne vert
qui mesurait partout seize pieds de circonférence sur
une longueur de trente-trois pieds. Les forêts qui bordent le Brazos s'étendent le long de quelques-uns de ses
affluents, notamment le long du Navosota (1), sur les
rives duquel on voit des arbres remarquables, même en
Amérique, et entre autres des *peupliers de la Caroline*,
dont le tronc a quinze pieds de diamètre et plus. Du
reste, toutes les essences abondent dans ces massifs serrés
que la hache américaine n'a pas encore éclaircis : le
chêne, le *frêne*, le *noyer*, le *cyprès*, le *cèdre rouge*, l'*orme*, le
merisier, le *noisetier*, l'*érable*, l'*accacia*, le *tilleul*, le *sapin*
(rouge et blanc), le *sycomore*, le *saule*, le *sumac*, le *ge-
névrier*, le *sassafras*, grandissent pêle-mêle en croisant
leurs bras vigoureux comme pour défier l'homme de
les pénétrer. Du milieu de ces masses de végétation s'é-
lance à une hauteur de quatre-vingt-dix et cent pieds le

(1) Dont le confluent dans le Rio-Brazos est en face de Washington.

magnolia grandiflora, dont les branches se terminent par des roses blanches qui forment comme des couronnes posées sur la tête de ces forêts vierges, et qui embaument l'air d'un parfum dont la suavité nous est inconnue. Çà et là *l'arbre à gomme* verse des produits que personne ne recueille, et sur les bords du Colorado, au-dessus de Bastrop, on rencontre *l'arbre à caoutchouc*, pareil à celui de l'Inde et de l'Amérique méridionale.

Pendant ce qu'on peut appeler les deux mois d'hiver, les bestiaux abandonnent les prairies où, pendant dix mois, ils ont trouvé une pâture illimitée, et se réfugient dans les *Bottoms* (1) qui leur offrent une mousse fine, toujours verte, dont ils peuvent être impunément avides. — Cette mousse, au moyen d'une préparation très-simple, permet de fabriquer d'excellents couchers, et, en général, peut être appliquée avec avantage à tous les usages auxquels nos tapissiers emploient le crin.

Arbustes, plantes, fruits et légumes. Le Rolling est la zone la plus riche en pâturages et celle qui se prête le mieux à la culture des productions d'Europe. C'est un jardin qui produit tous nos légumes et nos fruits les plus savoureux, en même temps qu'il mûrit les oranges, les citrons, les dattes, les ananas, les bananes, tous ces délicieux fruits qui nous manquent ; c'est aussi un vaste champ dont la terre, docile à la charrue, produit en abondance le blé, l'orge, l'avoine, le maïs, le lin, etc. Non-seulement le rendement de son excellente terre est, à égalité de superficie, bien plus considérable qu'en Europe, mais, comme en Égypte, on y fait deux récoltes, l'une en février, l'autre en juin, et pour certaines productions on en fait trois. Un acre (2) rend en

(1) Bouquets de bois sur le bord des fleuves.
(2) L'acre correspond à 0,40467 1 hectare.

moyenne (*average*) cinquante à soixante bushels (1), c'est quarante-cinq et demi à cinquante-quatre et demi hectolitres par hectare ; les bonnes terres en France ne rendent que seize à dix-huit hectolitres par hectare. Au Téxas, un acre rend quatre à cinq cents bushels de pommes de terre (2), c'est-à-dire trois cent soixante à quatre cent cinquante hectolitres par hectare ; en France on n'obtient que trois cent vingt-cinq hectolitres.

La vigne sauvage croît dans les forêts du Téxas ; on la voit enlacer de ses pampres les arbres les plus élevés, et s'élancer jusqu'à leur sommet. Elle a une odeur délicieuse ; mais quelques personnes pensent que la nature du terrain serait peu propre à sa culture. Cependant les environs de Nacogdoches et de Bastrop, les rives du Rio-Guadelupe, produisent, spontanément dit-on, toute espèce de raisins, et M. de Humboldt cite avec éloge les vins de Passo del Norte (3).

Sur les bords du San-Antonio on cultive plusieurs espèces d'arbres à thé, dont les produits ne diffèrent en rien de ceux que nous tirons de la Chine. Le mûrier croît admirablement dans l'Ouest du Téxas, et des magnaneries y trouveraient un climat des plus favorables ; un essai, qui remonte à l'époque de la domination espagnole, a été suivi d'un plein succès. Sur une multitude de points, les rizières fournissent une abondante récolte, et quelques expériences faites sur la production de la cochenille et de l'indigo ont donné des produits supérieurs, et n'ont laissé aucun doute sur les énormes

Productions des Tropiques.

___

(1) Le *bushel* (huit gallons) vaut à peu près trente-six litres un tiers.

(2) On les plante en février et on les récolte en avril et mai.

(3) *Essai Politique sur le royaume de la Nouvelle-Espagne*, liv. IV, chap. IV, t. II, pag. 496 ; in-octavo, Paris, 1827.

profits que l'on obtiendrait en poursuivant cette culture
sur une grande échelle.

Jusqu'à présent, si l'on excepte les céréales, la culture, au Téxas, ne s'est guère portée que sur trois produits : le tabac, le sucre et le coton.

Des plantations de tabac ont été faites au printemps,
et l'on a recueilli à l'automne des tabacs de qualité supérieure.

A l'exemple des colons de la Louisiane, les Téxiens
ont donné la préférence à la variété de canne à sucre
d'Otaïti, qui parvient en cinq ou six mois au même
point que la canne à sucre des Antilles n'atteint qu'en
quinze ou dix-huit mois, et qui permet de faire deux
récoltes. « Du côté de Brazoria, dit M. Leclerc qui visi-
« tait le Téxas en 1838, j'ai vu des cannes qui atteignaient
« la hauteur de dix à douze pieds et dont les anneaux
« étaient déjà mûrs, au mois d'août, jusqu'à la hauteur
« de sept pieds (1). »

J'entrerai dans plus de détails sur la culture du
coton, parce qu'il est, dès à présent, l'objet le plus important du commerce du Téxas. Tous les voyageurs s'accordent à dire que le Téxas pourrait en approvisionner le
monde entier, en même temps que sur tous les marchés
où on en a reçu, on s'accorde à lui reconnaître, sans con-
testation, une évidente supériorité sur les cotons de tous
les autres pays. Il a une couleur jaune dorée, une finesse
et surtout une longueur que n'égale aucun autre ; du
reste, sa cote, dans les prix courants, est invariablement
en hausse sur toutes les existences rivales. Ajoutons à
tous ces avantages, qu'à égalité de superficie on en

____

(1) *Le Texas et sa révolution*, par Frédéric Leclerc ; in octavo, Paris, 1840.

obtient beaucoup plus au Téxas que dans les États les plus favorisés de l'Union Américaine.

C'est dans la zone des plaines et le long des fleuves(1), pour la facilité des transports, que le coton est presque toujours cultivé. Les terres qui appartiennent à cette zone, depuis la Sabine jusqu'au Rio-Grande, donnent communément de deux à trois balles(2) par acre (cinq à sept et demi par hectare), c'est-à-dire un poids de coton brut de 1000 à 1500 livres; or, dans l'Alabama, on ne récolte que 600 livres par acre, et seulement 300 dans certaines parties de la Géorgie. Dans ces derniers États le cotonnier ne s'élève pas au-dessus de terre à plus de trois pieds; sur les bords du Mississipi il croît à cinq et six pieds, au Téxas il atteint constamment sept à huit pieds. On le plante en février, et la récolte en est faite bien avant celle des Etats-Unis. La remarque suivante mérite d'être notée : le 4 juillet, dans le Nord de l'Alabama, on n'a pu découvrir qu'une seule fleur dans tout un champ de cotonniers; du 25 au 30 juin de la même année on comptait, au Téxas, jusqu'à cent dix-neuf fleurs sur une seule tige.

Une culture si privilégiée devait se développer rapidement, aussi le Téxas a-t-il exporté :

En 1853 . . . . 4,000 balles.
  1854 . . . . 10,000 d°.
  1855 et 1856 (interruption à cause de la guerre).

(1) Notamment sur les bords du *Colorado*, du *Rio-Brazos*, du *Rio-Trinidad*, et du *Creek des Cannes* qui arrive directement à la mer entre le Colorado et le San-Bernardo.

(2) La balle pèse environ cinq cents livres anglaises.

En 1858 20,000
  1859 50,000
  1840 60,000

et on pense que l'exportation de 1841 ne sera pas moindre de 100,000 balles.

Ces cotons étaient enlevés par des négociants des États-Unis et de la Havane, qui exerçaient un genre de monopole auquel les Téxiens devaient être désireux de se soustraire. Au mois de mars 1859 le trois-mâts anglais *l'Ambassador* entrait dans le port de Galveston (1) et prenait une cargaison de onze cents balles. Ce fut un beau jour pour le Téxas ; désormais ses relations commerciales étaient directement établies avec l'Europe, et elles ne devaient plus cesser.

Les calculs d'un auteur américain ont porté jusqu'à 5,000,000 de balles la production *possible* du coton au Téxas en un an, ce qui à quarante dollars la balle, prix très-bas, ne représenterait pas moins d'un milliard de francs. Ces chiffres, certainement exagérés, prouvent du moins que la production peut y arriver très-promptement à un chiffre fort élevé, mais il faut espérer que les Téxiens, qui ont l'heureuse possibilité de varier leur culture, sauront mesurer leur production sur l'importance des débouchés, et ne concentreront pas malhabilement sur un seul produit des efforts qui peuvent être si fructueusement partagés.

Règne animal   Nous avons vu avec quelle facilité la riche végétation de ce beau pays nourrit des troupeaux qui pourraient être innombrables. Il n'est pas douteux que les Téxiens

____

(1) Ce navire, qui calait douze pieds et demi, est entré à Galveston sans difficulté.

auront, quand ils le voudront, un commerce considérable
de laines. Dès à présent il n'est pas rare de rencontrer des
colons qui possèdent des troupeaux de quinze cents à
deux mille têtes, troupeaux qui, littéralement parlant,
n'ont rien coûté à élever, puisqu'ils vivent en liberté(1)
dans des pâturages toujours verdoyants, et que la
beauté du ciel dispense de leur construire des abris dont
les forêts, d'ailleurs, feraient presque tous les frais si la
nécessité s'en faisait sentir sur quelques points. La race
chevaline, qui est la même que celle des Etats-Unis,
n'est pas plus difficile à entretenir; et les Téxiens ont
déjà institué des courses pour la perfectionner. Du reste,
toutes les espèces d'animaux domestiques que nous
connaissons se retrouvent autour des habitations du
Téxas; toutes les espèces de gibier viennent varier la
nourriture des colons; et les rivières, les lacs, les étangs,
leur fournissent, avec une rare abondance, tous les
poissons d'eau douce que nous recherchons pour nos
tables.

Comment tant d'avantages accumulés n'ont-ils pas *Règne minéral.*
été capables de frapper les Espagnols? C'est que ces
conquérants du Méxique étaient absorbés par une seule
pensée, la recherche des métaux précieux. Le nouveau *Substances mé-*
monde ne fut, à leurs yeux, qu'une mine d'or; et au *talliques.*
Téxas, c'est dans les flancs de la Sierra de San-Saba
qu'ils en ont cherché les filons. Si du sommet de ces
montagnes ils eussent jeté un seul regard sur l'admirable
contrée qui se déroulait à leurs pieds, ils auraient in-
failliblement compris le sens de sa délicieuse parure, et

1) Chaque colon marque à son chiffre les animaux qui lui appartiennent, et
ne s'en occupe plus.

des séductions par lesquelles elle semblait les attirer et les inviter à demander. Ils eussent obtenu de cette terre féconde la richesse qu'elle offrait à la condition d'un travail patient, et qu'ils ont voulu arracher en un jour à ses entrailles avares. Cependant les recherches des Espagnols dans la Sierra de San-Saba n'ont pas été infructueuses, et il paraît qu'ils y ont exploité des *mines d'argent*. Récemment une *mine de cuivre* a été découverte dans une portion du territoire que l'on n'indique pas, et on assure que des indices de *mines de plomb* se trouvent sur les bords de la Rivière-Rouge et du Rio-Medina (1). Nous avons déjà remarqué (2) l'abondance de l'oxyde de fer qui colore la Rivière-Rouge et le Colorado ; c'est que, vers la limite septentrionale du Téxas, les *mines de fer* abondent ; elles gisent dans les montagues qui partent des sources de la Sabine, et vont se rattacher à la chaîne des Ozarks dans l'Arkansas. Le lit du Brazos paraît être, en presque totalité, formé d'un grès extrèmement ferrugineux, et, dans la plaine qui s'étend entre le Brazos et le Colorado, tous les ravins sont remplis de fer hématite en grains.

Substances métalliques. La description du Rio-Brazos (3) nous a fourni l'occasion de parler des terrains salifères qui avoisinent ce fleuve dans les contrées qu'il traverse par delà la Sierra de San-Saba. En général, le *muriate de soude* abonde au Téxas : ici ce sont des lacs salés, comme dans le comté de San-Patricio ; là, ce sont des sources salées, comme à l'Ouest-Nord-Ouest de Nacogdoches ; tout à l'heure

(1) Un des principaux affluents du San-Antonio.
(2) Page 34.
(3) *Voyez* page 36.

c’était le terrain même qui était imprégné de sel ; de
tous côtés on voit paraître des indices qui décèlent,
dans les profondeurs du sol du Téxas, une abondance
de sel aussi grande que dans le Nord-Ouest de l’Arkansas et dans le voisinage de la chaîne des Ozarks.
Mais ce qui peut être, un jour, d’un prix infini pour le
Téxas, c’est l’extrême abondance de *combustible minéral*
qui paraît avoir été reconnue sur une immense étendue de la rive gauche de la Rivière-Rouge, sans comp-
ter les indications qui sont fournies, dans le Téxas
même, par une formation de grès rouge qui s’étend
sur la rive gauche du Brazos.

Avec tant d’éléments de prospérité maniés par des
hommes comme ceux que j’ai fait connaître en traçant
un résumé de leur histoire, il était impossible que le
Téxas ne prît pas un essor rapide ; aussi est-il presque
vrai de dire que chaque centre de culture est devenu
une ville, et déjà le commerce de plusieurs de ces
villes a pris une importance dont le relevé du produit
général des douanes nous donnera une idée :

En 1838 ce produit a été de. . . . . . 1,390,670 fr.
    1839. 1,950,000
    1840. 2,930,000

Le général Hamilton, à qui je dois la communication
de ces chiffres, ne met pas en doute que l’année 1841
présentera un accroissement au moins égal à celui que
présentent les trois années précédentes. Si j’avais pu
donner le détail de ce petit tableau, on aurait mesuré
l’importance de chaque ville maritime, mais je me contenterai de dire que le port de Galveston reçoit, à lui
seul, autant que tous les autres ports du Téxas ensemble.

Reconnaissant envers la France de l'initiative qu'elle a prise pour reconnaître son indépendance, le Téxas a voulu que quelque chose d'exceptionnel dans ses relations commerciales avec nous rappelât à tous les instants un fait que ses annales conserveront à jamais. Les marchandises importées au Téxas sous pavillon français payent 1/5 de moins que celles importées sous pavillon d'aucune autre nation, et nos vins y sont complétement exempts de droits. — Ce commerce naissant peut prendre une importance de premier ordre si l'on considère ce que sera le Téxas dans un avenir rapproché, et si l'on fait attention que toutes les marchandises de la Nouvelle-Espagne le traverseront pour arriver au golfe du Méxique. Depuis longtemps les colons de la Louisiane avaient montré cette route en partant des bouches du Mississipi pour tirer droit sur Santa-Fé à travers le Téxas. « Plusieurs de mes amis méxicains, dit « M. de Humboldt (1), ont suivi le chemin de terre de « la Nouvelle-Orléans à la capitale de la Nouvelle-Es- « pagne. Cette route, frayée par les habitants de la « Louisiane, qui viennent acheter des chevaux dans les « *provincias internas*, est de plus de cinq cent quarante « lieues (2). » Les Téxiens, fidèles à la politique qui leur a inspiré de placer leur capitale sur le haut Colorado, ont déjà projeté une route qui serait tracée en ligne droite d'Austin à Santa-Fé et qui abrégerait considérablement le pénible voyage qu'entreprenaient les habitants de la Louisiane. Elle n'aurait que cent

(1) *Essai Politique sur le royaume de la Nouvelle - Espagne*, liv. III, chap. VIII, t. II, p. 224 ; in-octavo, Paris, 1827.

(2) Il s'agit ici de *lieues marines*.

quatre-vingts lieues (1) de quatre mille mètres, et faci-
literait considérablement un des commerces les plus
profitables du globe.

Un autre projet moins gigantesque quant à l'exécu-
tion, mais dont la haute importance est facile à comprendre, est celui de la construction d'un chemin de
fer qui unirait les deux points où le Rio-Sabine et la
Rivière-Rouge se rapprochent le plus. La distance entre
les convexités des deux rivières n'est que de quatorze
lieues et demie, et le terrain se trouve naturellement
nivelé. Non-seulement ce chemin de fer ferait communiquer, par la Rivière-Rouge et le Mississipi, tout
l'Est et le Nord-Est du Téxas avec la Nouvelle-Orléans,
mais, en cas de guerre entre l'Angleterre et les États-
Unis, il deviendrait la route de tout le commerce
entre l'Amérique du Nord et le Méxique.

Quant aux relations intérieures, il est clair qu'une série de canaux parallèles à la côte uniraient entre eux les
différents fleuves du Téxas, et qu'un réseau de chemins
de fer, ou si l'on veut de chemins de bois, serait facile à
construire dans les deux zones aujourd'hui habitées.

Un voyageur qui aurait traversé ces déserts il y a
vingt ans, antérieurement à l'époque où la race Anglo-
Américaine se chargea de les défricher, y retrouverait
aujourd'hui toutes ces villes que je n'ai fait que nommer, mais où sont déjà rassemblées presque toutes les
commodités et une partie des jouissances qu'offrent
les villes d'Europe et de l'Amérique du Nord. Dans la
plupart des districts, il trouverait des magasins, des
hôtels, des cafés, des écoles, des hommes de toutes

____

(1) Quatre cent cinquante *milles*.

les professions; il trouverait même, dans certaines habitations, les délicatesses que le raffinement de notre
luxe a créées. A Houston, il pourrait assister aux re-
présentations de deux théâtres, l'un anglais, l'autre
français, et lire quatorze journaux publiés sur les différents points de la République.

Le Téxas est bien irrévocablement la conquête de
la race Anglo-Américaine ; les tribus sauvages se sont
dispersées devant ces nobles représentants de la civilisation; leurs débris viennent s'abrutir par l'usage des
liqueurs fortes, et bientôt s'éteindre, dans les carrefours
des villes que leurs vainqueurs ont élevées. Les *Cushattes*,
qui s'étendaient jusqu'à la Louisiane, les *Lapans*, qui
occupaient les bords du Rio-Grande, ont presque tota-
lement disparu, et les *Comanches* eux-mêmes, refoulés
aux confins de la République, sont allés grossir cette
bande de peaux rouges que la civilisation a chassée devant elle comme un vil troupeau, et qui se trouve ac-
culée sur toute la lisière orientale des Montagnes Rocheuses. Peut-être un jour les Méxicains engourdis
seront-ils réveillés par les cris de ces hordes qui fran-
chiront la chaîne des Andes; mais en plaçant leur
capitale sur le Colorado, non loin de la Sierra de San-
Saba, les Téxiens ont jeté aux peaux rouges un défi qui
n'a pas été accepté. Les farouches guerriers ont tourné
bride, et ils ont rapproché leurs tentes de Santa-Fé.

Quant au Méxique, il comprendra que l'intérêt de
son avenir est tout entier dans la conciliation. Sans
marine, quand le Téxas a déjà un commencement de
flotte (1); dévoré par l'anarchie, quand les Téxiens

_____

(1) Le Téxas possède une flotte effective et disponible en mer qui se compose

sont unis par le lien si puissant du travail ; usé par la
paresse, quand le Téxas est rayonnant de jeunesse et
de vigueur ; le Méxique n'aura pas l'imprudence de
rêver une injuste agression. Mais si jamais, ce qu'à
Dieu ne plaise, l'esprit de vertige s'emparait du gouvernement de México, s'il menaçait les Téxiens dans
leur existence, l'issue d'une pareille lutte ne saurait être
douteuse. Pour moi, si j'ose rendre, en terminant,
l'impression qui me dominait en transcrivant tous ces
récits : j'ai constamment vu Jefferson montrant du
doigt l'Océan Pacifique, et c'était à México que je voyais
la statue de Moses Austin.

de : une *corvette*, deux *bricks*, deux *goëlettes* et deux *vaisseaux à vapeur* armés.
Le Méxique n'a pas un bâtiment de guerre à flot.